AF389904

ESSAI

SUR

L'ÉDUCATION

D'UN

MILITAIRE.

ESSAI

SUR

L'ÉDUCATION

D'UN

MILITAIRE.

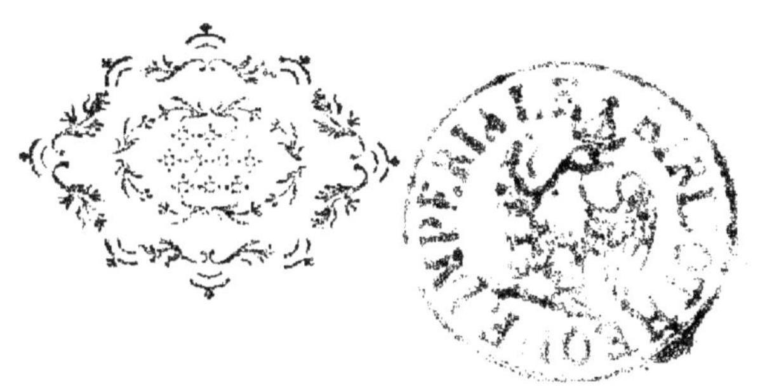

A AMSTERDAM,

Et se trouve à Paris,

Chez P. LESCLAPART, Libraire, rue de
la Barillerie, porte de la Cour du Mai.

M. DCC. LXIX.

A

SON ALTESSE

MONSEIGNEUR

LE PRINCE DE CROY.

MONSEIGNEUR,

Depuis que l'Histoire m'a appris que vos belliqueux an-

b

cêtres, *fur les traces defquels vous marchez fi glorieufement, n'avoient pas peu contribué au foutien de ce Royaume, & qu'ils avoient en partie cimenté de leur fang les remparts qui en interdifent l'entrée à nos ennemis ; leur memoire m'a toujours été glorieufe, & j'ai eu de la vénération pour l'illuftre Maifon de Croy : mais comme l'intérêt particulier l'emporte ordinairement fur le Public, cette vénération a fenfiblement augmenté, lorfque je me fuis aperçu que votre Alteſſe daignoit m'honorer de votre auguſte protection.

Un ſi grand bienfait, MON-SEIGNEUR, mérite de la reconnoiſſance ; ignorant les moyens de vous faire ſentir que j'en ſuis vivement pénétré, j'ai cru ne pouvoir mieux vous perſuader de cette vérité, qu'en mettant votre nom à la tête d'un Ouvrage qui ébauche l'éducation d'un Militaire, qualité que vous poſſedez au ſuprême dégré. Je vous l'offre, non point comme une production de mes veilles, mais comme étant

*tombé par hasard entre mes mains,
pour contribuer à vous faire
passer quelques momens de loisir;
acceptez-le, je vous en supplie, &
faites-moi la grâce de croire que
si le présent est médiocre, le zele
est d'autant plus grand, avec lequel je suis très-respectueusement,*

MONSEIGNEUR,

DE VOTRE ALTESSE,

Le très - humble & très-
obéissant serviteur * * *

ESSAI

SUR

L'ÉDUCATION

D' UN

MILITAIRE.

Nous apportons tous en naif-
sant une ame raisonnable, capable de se ressouvenir, de juger
& de sentir. La Mémoire, l'Esprit, le Sentiment sont des facultés plus ou moins susscepti-

A

bles de développement, suivant que notre corps, auquel l'ame est intimement unie, est plus ou moins bien organisé ; mais cette aptitude ne dépend pas toujours tant de l'organisation de notre corps, qu'elle ne puisse être acquise par l'habitude ; les organes les mieux disposés nous deviennent même souvent inutiles si l'habitude ne les rend plus propres à servir nos facultés : mais soit que nous ayons à vaincre la Nature, soit que nous n'ayons simplement qu'à la perfectionner, la réflexion & l'expérience nous démontrent que ce n'est que dans un âge tendre qu'on peut efpérer d'y réuffir. Nous devons donc, pour tirer d'un homme le parti le plus avantageux, cultiver de bonne heure fon efprit, l'orner de ce qui peut lui être un jour le plus utile, fuivant le genre de vie auquel il eft deftiné, prévenir fes goûts & fes penchans pour diriger infenfiblement fon cœur à la vertu: en un mot, il ne faut rien négliger pour lui donner une éducation capable de faire un jour fon bonheur & fa gloire.

Il n'eft que trop ordinaire de

déterminer l'état des enfans, sans avoir pu connoître leurs inclinations & les dispositions qu'ils y peuvent apporter ; mais ce n'est pas là le plus grand mal ; ce n'en est même bien souvent un, que parcequ'on en fait ensuite encore un bien plus grand : c'est que ce choix une fois déterminé, on ne cherche & on n'emploie pas assez les moyens nécessaires pour que les enfans y répondent & y fassent honneur.

Il y a trois enfans dans une famille ; le premier doit embrasser la profession des Armes ; le

fecond doit être confacré à l'E-
glife ; le troifième eft deftiné à la
Robe : voilà fans contredit trois
genres de vie bien différens &
même bien oppofés. Quels font
cependant les moyens qu'on emploie pour mettre chacun de ces
enfans en état de remplir digne-
ment fa profeffion ? Les mêmes
précifément ; j'oferois prefque
autant dire aucun. Tous trois à
peine fortis des mains des femmes, font confinés dans un collége jufqu'à l'âge de dix-huit ou
vingt ans ; le temps le plus beau
& le plus précieux de leur jeuneffe fe paffe à l'étude d'une lan-

gue dont ils ne font prefque jamais ufage dans le cours de leur vie, que le plus fouvent ils ne connoiffent encore qu'im‑ parfaitement, ou qu'ils oublient bientôt après. Une légère tein‑ ture de l'Hiftoire ancienne, quel‑ que peu de Morale & de l'Er‑ gotifme, voilà tout le fruit de dix ou douze ans de travail : de‑là l'un paffe à l'Académie, l'autre aux Ecoles de Théologie, le troifième aux Ecoles de Droit; & après avoir figuré chacun dans ces différens endroits encore quelque temps, voilà mes trois jeunes gens hommes faits ; on leur ouvre la barriere ; ils vont fournir leur courſe ; étonnez-vous enſuite de ce qu'ils font ſi ſouvent des chûtes au milieu de l'arène.

Ce n'eſt pas que je penſe qu'on doit proſcrire la langue latine d'une bonne éducation, ce ſeroit tomber dans l'excès contraire ; elle doit même ſans contredit en faire une branche eſſentielle, puiſqu'elle nous ouvre un vaſte champ à la Littéra-ture, dont le goût ſe répand plus que jamais en Europe, & qui peut former le cœur en ornant l'eſprit. Je voudrois ſeulement qu'on n'en fît pas la seule occupation des enfans pendant un si long espace d'années. Nous voyons tous les jours des jeunes gens apprendre l'Anglois, l'Italien ou l'Allemand en moins de deux ans : la langue Latine a-t-elle plus de difficulté, pour que nous soyons obligés d'y donner plus de temps ?

Je ne voudrois donc pas qu'on s'astraignît à la forme ordinaire des éducations, forme qui depuis long-temps a perdu son crédit parmi les gens sensés ; & je me propose dans cet Essai d'indiquer les moyens que je crois

les plus propres à former un enfant pour le genre de vie qui
lui est destiné, avec beaucoup
plus de fruit, & sans employer
plus de temps qu'on n'a coutume
de faire : mais comme mon but
n'est pas de faire un Traité sur
l'éducation en général, & que
j'écris pour le chef d'une illustre
maison, voué par sa naissance &
par son rang à la profession des
Armes, c'est sur ce genre d'éducation seulement que je vais tracer quelques idées que j'ai cru
pouvoir lui être utiles.

Un des premiers soins des
peres & meres pour leurs enfans,

est de bien connoître les personnes qui les approchent, & sur-
tout le caractere & les mœurs
de ceux qu'ils chargent de leur
éducation : comme tout dépend
des premieres impressions qu'on
leur fait prendre , il importe
beaucoup qu'on ne leur présente
que des idées dont l'objet soit in-
téressant. On donne ordinairement un gouverneur aux jeunes
Seigneurs, mais on le leur donne
aussi ordinairement trop tard,
& lorsque leur caractere, déjà
presque formé, ne peut plus être
facilement plié ; on commence
par vouloir orner l'esprit, on

finit par essayer de former le cœur. Le cœur est pourtant la plus noble partie de nous-mêmes, celle qui contribue le plus à notre bonheur ou à notre malheur; il mérite bien sans doute, sinon la préférence, du moins la concurrence; & pour allier ce que l'on doit à ces deux parties, il faudroit qu'un enfant passât des mains des femmes en celles d'un homme sage & éclairé, également en état de les cultiver l'un & l'autre. Mais où le trouver cet homme sage & éclairé? & que le choix en est délicat & difficile! Alexandre remercioit les

Dieux tous les jours de sa vie d'avoir fait naître Ariftote pour être fon précepteur; le petit-fils de Louis XIV (M. le Duc de Bourgogne) chériffoit dans M. de Fenelon un Philofophe aimable, qui favoit parler au cœur en éclairant l'efprit: mais où font-ils, encore un coup, me dira-t-on, ces hommes illuftres? Je conviens qu'ils ont toujours été & qu'ils font encore fort rares; mais il n'en eft plus de cette trempe; il faut au moins chercher quelqu'un qui en approche, & c'eft à la prudence à le découvrir. Je vais en attendant tracer ici quelques – unes des qualités qui doivent conſtituer ſon caractere.

Rien n'eſt plus eſſentiel pour réuſſir parfaitement dans un genre, tel qu'il ſoit, que d'y avoir réfléchi depuis long-temps, & de s'en être formé de bonne heure des idées juſtes & raiſonnables. Un homme qui apporte dans l'état qu'il embraſſe une théorie ſûre & exacte, n'eſt pas encore parfait, mais il ſurpaſſe de beaucoup celui qui a beſoin d'une plus longue pratique & de ſa propre expérience pour acquérir quelques connoiſſances de la théorie : c'est pourquoi je voudrois qu'un jeune homme destiné à la profession des armes fût élevé, s'il étoit possible, par un Militaire, homme de poids & de mérite, également en état de conduire son éducation par rapport aux Sciences, & de lui donner de bonne heure des principes sur l'Art militaire & sur tout ce qui y a rapport. Sachons maintenant quelles sont les qualités de ce Militaire qui doivent lui acquérir la préférence & le faire réussir auprès de son Elève. Je les considérerai d'abord relativement à l'esprit, ensuite j'examinerai celles qui ont rapport au cœur.

Parmi les qualités de la première claſſe, j'admets la nobleſſe du ſang, la fermeté, la pénétration d'eſprit, la connoiſſance d'une langue quelconque appriſe par principes, telle que ſeroit la Langue Latine, la connoiſſance du Génie & des Fortifications, une riche mémoire ſecondée de beaucoup de lectures, un jugement ſain, une politeſſe aiſée. On ſera ſans doute étonné que je place ici la nobleſſe parmi les qualités de l'eſprit ; mais on doit faire attention que je ne conſidère pas seulement les qualités de l'esprit proprement dites ; mais celles qui y ont rapport, soit par la dépendance qu'elles ont avec lui, soit par l'impreſſion qu'elles peuvent faire sur lui : or cela poſé, on ſent pourquoi j'exige dans un gouverneur, non-ſeulement la nobleſſe du ſang, mais même un extérieur impoſant & une figure intéreſſante. Un gentilhomme ſe fait volontiers écouter par un gentilhomme, dont la fierté du ſang ſe révolte ſouvent contre un ſimple roturier ; d'ailleurs, admis par ſa qualité avec plus de conſidération dans toutes

les

les grandes maisons où il est obligé d'accompagner son élève, il en devient plus recommandable à ses yeux, & il s'assure par-là une subordination plus entiere & plus durable; sa maniere de vivre, ses habitudes dans le grand monde doivent lui avoir acquis une certaine élévation dans l'ame qu'on trouve plus difficilement dans un roturier : en un mot c'est cette premiere qualité qui lui préparera les succès que sa fermeté doit lui assurer.

Sa pénétration lui fera remarquer à chaque instant les différentes passions de son élève, leur

dégré, leur objet & le parti qu'il
en peut tirer pour les faire tourner à son avantage ; car il seroit
ridicule de vouloir qu'un homme
fût tout – à – fait sans passions ; &
sans prétendre, avec M. Helve-
tius, qu'elles seules font le principe de tout esprit en nous, il
faut convenir qu'elles en font
l'aliment, & que celui qui en seroit absolument dépourvu ne
pouroit avoir qu'une apathie &
une indifférence singuliere pour
tout ce qu'il verroit & tout ce
qu'il feroit : l'adresse ne consiste
donc pas à les étouffer, mais à
les diriger sagement & à les

mettre quelquefois en oppofi-
tion les unes avec les autres, pour
fortifier en nous l'amour de
l'étude & de la vertu. Cette qualité lui fera encore d'un grand fecours, en ce qu'elle le mettra à
portée de fuivre plus exactément
les leçons qui feront données à
fon élève par fes différens maîtres,
d'en connoître la force & la foi-
bleffe, & d'y remédier par les
fages avis qu'il poura donner à
ceux-ci; elle poura le faire juger
des progrès de l'éleve dans les
différens genres d'études auxquels il fera occupé; il poura en
quelque façon le fuivre & rai-

sonner avec lui de toutes ces sciences, sans en avoir jamais eu d'autres connoissances que celle qu'il aura acquise avec lui.

Et c'est particulierement pour cette raison qu'il est à propos qu'un bon Gouverneur soit lettré, & qu'il connoisse au moins une langue exactement par principe, fût - ce la sienne même, afin que sa pénétration ait moins d'efforts à faire pour juger des leçons qui seront données à son éleve par ses différens Maîtres de langue.

Mais comme il doit former un Militaire, & que c'est rela-

tivement à cette partie là qu'il
eſt particulierement choiſi, c'eſt
pour cette raiſon que j'exige de
lui une connoiſſance exacte de
l'Art militaire & de tout ce qui
y a rapport, du Génie & des Fortifications, & qu'il en ait fait
pendant long - temps l'application à la pratique, qu'il puiſſe
en faiſant lire l'hiſtoire à ſon
éleve, lui faire toucher du doigt
en quelque façon les différentes
circonſtances ou les différentes
qualités qui ont aſſuré la gloire
des grands Capitaines ou occa-
ſionné leur perte, les moyens
qui ont été employés & qu'on

B 3

emploie tous les jours pour le gain des batailles & la défense des places ; qu'il évite sur-tout de tomber dans le défaut trop commun aux Militaires retirés, qui est de ne parler que des grandes actions où ils se sont trouvés, & de n'estimer que ce qu'ils ont vu; qu'il soit assez sage pour sentir qu'on parle toujours de soi trop avantageusement, & que loin de se faire estimer par le récit de ses hauts faits, on se fait le plus souvent mépriser par la jeunesse, qui toujours avare de son admiration, ne l'accorde jamais qu'aux actions ou aux perfonnes dont la réputation eft univerfellement reconnue ; qu'il lui faffe faire fouvent des parallèles entre la conduite de nos grands Généraux & celle des grands Capitaines des fiecles précédens : c'eft par la comparaifon fur - tout qu'on fe forme le jugement en tout genre & qu'on devient habile ; on fent auffi pour cela qu'il faut une grande connoiffance des faits, beaucoup de lectures attentives & réfléchies, & une mémoire heureufe fecondée d'un jugement fain qui lui faffe faire des applications juftes.

B 4

Enfin l'on convient généralement que si la politesse est du ressort de tous les hommes & de tous les états, elle doit particulierement briller dans un Gentilhomme & dans un Militaire : c'est elle qui doit le faire connoître, s'il entre dans quelques endroits où il ne soit pas connu ; ses manieres nobles & aisées, ses attentions pour ceux qui s'y trouvent, ses façons engageantes doivent faire deviner qui il est : il faut pour cette derniere qualité un grand usage du monde & de la bonne compagnie, sans quoi l'on n'a souvent qu'une ci-

vilité à charge & nulle poli-
teffe.

Les qualités de la feconde
claffe font la probité foutenue
par la Religion , les bonnes
mœurs qui en font la fuite, la
nobleffe d'ame & la générofité,
une humeur douce & égale, plus
de gaiété que de févérité.

Je ne crois pas devoir m'arrêter à faire voir que la probité,
la Religion & les bonnes mœurs
doivent être les principaux attri-
buts d'un bon Gouverneur. Un
homme qui manque de pareille
vertu dans la fociété, eft un
monftre qu'on ne fauroit trop

fuir : que seroit − ce si ce même homme étoit chargé de l'éducation des autres! ne pouroit − on pas craindre avec juste raison qu'il ne formât des monstres semblables à lui? Il faut même convenir que la probité d'un homme chargé de l'éducation des autres, doit être plus éclairée & être fondée sur des principes qui lui soient plus connus qu'ils ne le sont ordinairement au commun des hommes: il ne lui suffit pas seulement d'être ce qu'on appelle vaguement un honnête homme, & de pouvoir compter sur une estime peu réfléchie de la part de ceux qui le connoiſſent & qui ne voient pas toujours la chaîne qui lie toutes ſes actions ; il faut encore que juge ſévere de lui-même, il ſe ſente irréprochable dans ſes mœurs & dans ſa conduite ; il faut que ſachant analyſer avec délicateſſe les devoirs d'un honnête homme, juſque dans ces occaſions qui échappent aux yeux du vulgaire, & qui n'ont d'importance qu'aux yeux pénétrans d'un Philoſophe éclairé, il ſache en faire connoître la néceſſité à ſon éleve. Un homme qui ſait éviter les plus petites fautes, ne tombe jamais dans les grandes; & c'est par l'habitude qu'on a contracté de détester les premieres, qu'on parvient à avoir une juste horreur pour les autres. Telle action paroît indifférente en elle-même, qui renferme un poison, soit dans son objet, soit dans son motif, soit même dans les suites, toujours d'autant plus fâcheuses, que l'habitude de pareilles actions prouve notre peu d'attention à honorer la vertu, & une négligence sur nous-même qui nous conduit insensiblement au crime. Une des principales attentions d'un bon Gouverneur, doit donc être de ne se pas borner à donner à fon éleve des principes généraux fur la morale qui ne faffent aucune impreffion fur fon efprit ; mais de porter un œil févere & vigilant fur toutes fes actions , pour lui faire connoître tout ce qu'elles peuvent avoir de vicieux. C'eft particulierement dans les différens traits que nous offrent l'Hiftoire, qu'il poura trouver un plus grand nombre d'occafions de lui infpirer l'amour de la vertu & l'horreur du vice. L'Hiftoire eft moins faite pour préfenter à la poftérité le tableau des événemens qui nous ont précédés,

que pour nous offrir le catalo-
gue de nos foibleſſes, & con-
ſacrer à la mémoire les noms de
ceux qui ſe ſont rendus recommandables par leurs vertus ; en-
ſorte que l'on peut dire que
l'étude de l'Hiſtoire n'eſt autre
que l'étude de la Morale, & que
celui qui auroit lu l'Hiſtoire uni-
quement pour ſe charger la mémoire de faits & ſans aucun fruit
pour le cœur, auroit manqué
ſon principal but.

Pourvu de cette généroſité &
de cette nobleſſe d'ame qui doivent faire le caractere particulier
d'un homme de naiſſance, il

doit s'attacher de bonne heure à les inspirer à son éleve. La noblesse du sang n'est rien si elle n'est accompagnée de celle de l'ame : en vain vante-t-on l'ancienneté de son origine & les grandes actions de ses illustres ayeuls; comme ils n'ont pu se rendre illustres eux - mêmes que par le secours de ces brillantes qualités, si elles vous manquent, vous rentrez bientôt vis - à - vis des gens sensés dans la poussiere d'où vos peres vous ont fait sortir, & vous ne brillez tout au plus que pour un petit nombre de fades adulateurs, qui se plaisent à entretenir en vous des défauts dont ils profitent le plus souvent. Cette noblesse d'ame consiste à savoir toujours conserver sa dignité sans hauteur, & se rendre affable sans familiarité, être prompt à pardonner les fautes qui s'adressent à nous particulierement, & punir avec sévérité celles qui attaquent les autres; faire du bien autant qu'il est en nous à tout le monde, & cela pour le simple plaisir d'obliger; donner dans l'occasion, quoique toujours avec une sage économie, mais prendre bien son temps, & ne jamais paroître

exiger

exiger de reconnoiſſance de la part de ceux à qui on donne, faire choix avec diſcernement & des préſens qu'on fait & des perſonnes à qui on les fait. L'avarice eſt le point oppoſé à cette vertu, la prodigalité en eſt l'extrême ; deux vices également à fuir : le premier fait horreur ; le ſecond eſt plus ſupportable, mais il ne nous déshonore pas moins, parcequ'il eſt la preuve d'un petit eſprit, & qu'il nous fait mépriſer par ceux même qui en profitent le plus.

Mais on ne ſauroit trop recommander à un Gouverneur

d'éloigner de ses leçons tout air de pédantisme & de supériorité affectés, qui ne sert ordinairement qu'à rebuter la jeunesse, & à lui donner de l'aversion pour ses Maîtres : je veux au contraire qu'il mette tant de douceur, même dans ses reprimandes, qu'il puisse devenir le meilleur ami de son éleve. Il est plus difficile de persuader que de convaincre ; mais on tire plus de fruit de la persuasion que de la conviction. Je sais qu'il est certains caracteres difficiles à rompre , & qu'on est obligé souvent d'user de châtimens sé-

veres vis-à-vis d'un enfant, qui
se prévaut des ménagemens
qu'on a pour lui pour devenir
plus indocile ; mais en pareil cas
il faut toujours paroître céder à
la nécessité, & jamais à la mau-
vaise humeur, & choisir parmi
les châtimens tous ceux qui peuvent contredire davantage ses
défauts dominans : il faut aussi
profiter avec soin du premier
moment de repentir qu'il fait
paroître, pour lui faire sentir
ses défauts, & l'en corriger par
toutes les raisons les plus solides
& les plus persuasives.

L'honneur est un des moyens

les plus utiles qu'on puisse employer ; on ne sauroit le mettre
trop souvent devant les yeux des
jeunes gens, & sur-tout de ceux
qui sont obligés plus que per-
sonne d'en faire la principale
regle de leur conduite ; j'ose
même dire qu'on doit le cultiver
en eux avec autant de soin que
la religion même ; premierement
par l'analogie qui se trouve entre
l'un & l'autre par rapport aux
bonnes mœurs ; secondement,
parcequ'il n'arrive que trop souvent qu'on perd de vue les principes de la religion, & que ceux
de l'honneur au contraire de-

meurent toujours profondément
gravés dans le cœur d'un homme bien né ; que souvent même ils servent à rappeler en nous
les premiers, quand nous avons
eu le malheur de nous en écarter.

Mais il ne lui suffit pas d'être
doux & affable pour lui-même ;
il faut qu'il sache encore inspirer
à son éleve cette douceur & cette
affabilité dont il est pourvu. Les
grands sont des hommes ordi-
naires sans ces deux vertus ; avec
elle je dirois presque qu'ils sont
des Dieux ; durs & séveres, on
les craint & on les méprise ;
leurs inférieurs n'ont pour eux

qu'une obéissance servile ; doux & affables, on les estime, on les adore, on leur est soumis comme à des peres : quel est l'homme sensé qui hésitera de faire un choix !

Enfin, pour qu'un éleve soit attaché à son Gouverneur autant par le cœur que par l'esprit, il faut que ce dernier paroisse toujours devant lui avec un visage riant & un air gai & ouvert qui lui inspirent la confiance ; que se mettant à sa portée, & participant à ses moindres amusemens, avec toute la dignité néanmoins qui convient à son caractere, il le mette dans le cas de se livrer entierement à lui & de ne lui laisser ignorer aucun des mouvemens qui peuvent s'élever dans son ame; c'est par une pareille conduite qu'il viendra à bout de connoître le germe de ses vertus & de ses vices, & qu'il poura plus sûrement faire fructifier les unes & déraciner les autres en les prévenant: mais il doit bien prendre garde de se familiariser, & avoir beaucoup de prudence pour tenir un juste milieu qui lui assure d'un côté le cœur de son éleve, & de l'autre qui lui conserve tout son crédit sur son esprit.

Je crois avoir fait assez connoître quelles doivent être les principales qualités d'un Gouverneur, & qu'on pouroit attendre quelques succès de la part de celui qui en feroit l'usage que j'ai tâché d'indiquer ; il me reste à faire voir quelles sont les différens genres d'étude auxquels un jeune Militaire & un homme de naissance doit s'appliquer, & quelle doit être la façon de s'y appliquer.

Trois choses sont à considérer

dans l'éducation; l'efpece de fciences auxquelles on doit former un jeune homme, la façon de l'inftruire, & celle d'employer le temps le plus utilement.

Quelles font les fciences que doit cultiver un Militaire, dont la naiffance l'appelle naturellement aux premiers emplois de l'Etat? Confidérons-le dans tout le cours de fa vie, & nous verrons aifément par ce qu'il lui manque & ce qu'il regrette bien fouvent, & ce qu'on doit lui donner dans une âge tendre.

Ces fciences font de deux fortes; celles qu'on peut appeler

nécessaires, & celles qui ne sont que d'agrémens, qui n'en sont cependant pas moins nécessaires, un homme de naissance étant fait pour réunir plus que qui que ce soit l'agréable & l'utile.

L'on s'effrayera peut-être de la quantité de sciences que je vais donner à mon éleve, & l'on me reprochera que je veux en faire un phénix, un de ces hommes rares dont on voit peu d'exemples ; je réponds à cela que si l'on travailloit effectivement à les rendre moins rares, ils pourroient très-bien le devenir, qu'on cesseroit de les regar-

der comme le phénix, & que
les chofes n'en iroient que mieux:
d'ailleurs, je fuppofe que l'enfant
aura affez de difpofition pour répondre aux foins qu'on prendra
de lui, ou que le Gouverneur
aura affez de prudence pour pro-
portionner le travail à fes forces;
ainfi, fans avoir égard aux diffi-
cultés qu'on pouroit me faire ,
je crois qu'on ne fauroit mieux
exiger d'un jeune gentilhomme
à qui l'on s'eft piqué de donner
une belle éducation, que de fa-
voir d'abord fa langue avec perfection, enfuite le Latin, l'Al-

lemand, l'Anglois, & s'il se peut l'Italien.

On ne sauroit douter de l'obligation où est un homme bien né de savoir sa langue par principes, & de la parler avec pureté; il seroit ridicule qu'un François sût parler les langues étrangeres, & qu'il ne fît qu'écorcher la sienne; ce n'est pas d'ailleurs une chose difficile; on apprend aisément les principes de sa langue par comparaison avec ceux d'une langue étrangere à laquelle on s'applique.

J'ai déjà observé que la Langue latine entroit nécessairement dans le plan d'une bonne éducation : en effet c'est la langue de tous les pays & de tous les Savans ; c'est elle qui nous ouvre tous les tréfors de la riche antiquité. Pour peu qu'un homme ait de goût pour la Littérature, ne regrettera-t-il pas toujours d'ignorer une langue qui pouroit le mettre à portée d'admirer les beautés de nos Maîtres dans cette partie des fciences ? Peut-on enfin fe refufer d'apprendre une langue qui fait depuis fi long-temps la bafe de toutes les éducations, même les plus communes?

L'Allemand est une langue qu'il n'est guères permis à un Militaire d'ignorer. Lisons l'Histoire, & nous y verrons que de tous temps l'Allemagne a été le principal théâtre de nos guerres; il en est peu même où nous n'ayons eu affaire avec quelques Princes Allemands, soit directement, soit comme auxiliaires. Toutes nos guerres avec la Maison d'Autriche, & tant d'autres, en font une preuve encore aujourd'hui que nous sommes al-

liés avec cette Maison; c'est même une chose que l'on doit re-
garder comme certaine dans un
vaste pays composé d'un si grand
nombre de Souverains, qui tous
ont des intérêts contraires suivant les circonstances. Or, sans
parler de l'avantage que retire
un Officier qui sait la langue du
pays où il a de grandes opérations à conduire, combien n'y
a-t-il pas de petites circonstances
où il est embarrassé faute de la
savoir ? c'est une vérité que l'on
reconnoît assez généralement,
puisqu'on a grand soin de la

faire apprendre à la plupart de nos jeunes Militaires.

Les Anglois, cette Nation depuis si long-temps rivale de la nôtre, dont la haine invétérée contre nous semble nous faire désespérer de pouvoir jamais jouir d'une paix durable ; jalouse de notre grandeur, de notre puissance, de nos sciences, de nos arts, en un mot de ce génie puissant qui nous conduit & dont elle partage avec nous les faveurs, ne méritent ils pas, sinon notre estime, du moins notre admiration ? Ne devons - nous pas

pas nous empreſſer d'aller puiſer chez eux ces connoiſſances dans tous les genres, qu'ils ont étendues plus loin qu'aucune nation du monde! Quels écrivains ont jamais mieux connu le cœur humain, & en ont mieux fait ſentir les reſſorts,que les écrivains Anglois? Tous leurs ouvrages, juſqu'aux romans même, portent l'empreinte de leurs profondes connoiſſances en ce genre. Je crois même qu'il n'eſt pas difficile d'en donner la raiſon. Le cœur ſe développe de lui-même chez eux avec plus de force que chez toute autre nation, l'hu-

D

meur vive & bouillante qui les excite sans cesse, la liberté de penser dont ils jouissent, plus grande que dans aucun autre pays, en rendent les écarts plus sensibles que chez les François (par exemple) qui tiennent plus à la frivolité & à une politesse souvent fardée qui en masque les détours, que chez les Allemands, chez les Italiens, les Espagnols, &c. qui toujours captives dans les entraves d'une basse superstition craignent de lui donner l'essor. En un mot le cœur chez eux est un tableau dont les couleurs vives & brillantes font une forte impreffion fur les yeux. La Nature s'y montre toute entiere avec toutes fes beautés & tous fes défauts ; c'eft-là qu'on peut plus que par-tout ailleurs apprendre à connoître les hommes & à les apprécier ; les vertus y font trop brillantes pour ne pas frapper par leur éclat, & les vices trop outrés pour ne pas infpirer la jufte horreur qui leur eft due ; & comme les voyages chez l'étranger fervent beaucoup à nous former, & qu'ils mettent ordinairement la derniere main à une bonne éducation, on ne doit pas man-

quer de visiter un pays auffi cu-
rieux pour les mœurs, & où
l'on peut trouver de bonnes leçons de conduite, foit par l'admiration des vertus, foit par
l'horreur des vices qui y regnent
tout-à-la-fois. Mais comment
parvenir à fon but, fi l'on ignore
abfolument la langue du pays?
Quand on aura jeté un premier
coup d'œil de curiofité fur vous,
bientôt on vous laiffera là comme un homme inutile & même
fatiguant; ennuyeux faute de
pouvoir vous faire entendre,
ennuyé vous-même de voir
des hommes dont vous ne pour-

rez juger que par la figure &
par le geste, vous déplairez &
on vous déplaira; au lieu que
l'usage de la langue inspire de
la confiance, peut servir à relever votre mérite, & vous cessez
par - là d'être regardé comme
étranger.

Ces raisons peuvent valoir
encore en faveur de l'Italie, ce
pays charmant que la nature &
l'art se sont plû à embellir, &
qui semble inviter les étrangers
à en venir admirer les richesses
dans son sein; pays délicieux où
l'on remarque encore tant de
traces de la noble antiquité, &

où le génie moderne semble se réserver tout entier pour les arts de goût; la langue d'ailleurs, une des plus douces de toutes celles qui se parlent en Europe, est très – aisée à apprendre pour quelqu'un qui sait déjà le Latin & le François.

En vain, me dira-t-on, qu'il est inutile à un François de savoir les langues étrangeres, même pour voyager, parceque l'on parle votre langue dans toutes les Cours; cette raison ne peut tourner qu'à notre confusion. En effet, dans toutes les Cours on y parle non - seulement le

François, mais même plusieurs autres langues, parceque l'on applique particulierement les jeunes gens à l'étude des langues. En France la Noblesse, qu'on peut dire généralement mal élevée, & où le petit nombre de ceux qui se distinguent ont été obligés de tirer de leur propre fonds tous les avantages qu'ils possedent, fait à peine parler sa langue, tandis qu'en Allemagne (par exemple) il est très-commun de voir les femmes même parler, outre leur langue, le Latin, l'Italien & le François: est-ce mépris pour les autres Nations ? est-ce paresse en nous ? je n'en sais rien ; c'est peut-être l'un & l'autre, & nous n'en sommes pas plus estimables.

Après l'étude des langues, la science qu'il me paroît plus essentiel d'enseigner à un jeune Seigneur, est celle qui doit faire la base de son état, je veux dire la Géométrie & les Fortifications. Sans parler du Maréchal de Vauban, qui de simple particulier parvint au grade de Maréchal de France, qu'il ne dut qu'à son habileté dans cette science ; combien de fameux Généraux dans tous les pays ne pourroit-on pas citer, qui ont cru toujours en devoir faire leur principale étude, & qui lui ont dû tous leurs succès. On a des ingénieurs à soi, j'en conviens; mais comment pouvoir relever ou même apercevoir les fautes qu'ils peuvent faire, si l'on n'est pas en état de juger leur travail? L'emploi d'un Général n'est pas d'une si petite importance qu'on ne dût se mettre en état d'en bien remplir les fonctions. Il n'y a point de petites fautes pour un homme qui tient à sa main la vie de cent mille autres, & qui peut les conserver par son habileté ou les perdre tous en un inftant par fon ignorance & fon peu de capacité. Si nous voyons tant de Militaires qui entrent au fervice fans connoître feulement les premiers élémens de cette fcience, ce n'eft pas qu'elle ne leur foit infiniment néceffaire, mais c'eft que bien fouvent la brigue & la faveur l'emportent fur le mérite, qui devient par-là inutile, & qu'on eft plus jaloux de faire la cour que de s'inftruire. Mais un jeune homme en qui la naiffance tient lieu de faveur, & qui n'a befoin que de faire connoître fon mérite pour être employé, eſt plus reprochable que tout autre d'avoir négligé aucune des parties de ſon Etat. Comme il eſt plus à portée que qui que ce ſoit de rendre de grands ſervices à ſon Prince & à ſa patrie ; il eſt auſſi plus comptable envers eux de ceux qu'il ne rend pas ou qu'il ne s'eſt pas mis dans le cas de rendre.

Cette ſcience le mettra encore à même d'étudier la Géographie avec plus de ſuccès ; car il en eſt de la Géographie pour un Militaire, comme de la langue du pays où il fait ſes expéditions ; en connoiſſant bien l'une & l'autre, il est plus en état de diriger ses opérations par lui - même, & il n'est pas obligé d'employer toujours les secours nécessaires d'un étranger qui peut le trahir; elles en deviennent par-là plus secrettes & plus sures. La Géographie d'ailleurs est du ressort de tous les états & de toutes les conditions, & il n'est pas permis à un homme bien né d'en ignorer les principes.

Muni du secours de toutes ces connoissances, & déjà accoutumé à réfléchir & à penser par les fréquentes occasions qu'il en

aura eu dans le cours de ſes
études, à l'aide d'un Gouverneur
éclairé, j'eſtime qu'il ſeroit néceſſaire de faire faire à ſon éleve
un bon cours de philoſophie,
qui ne ſervira pas peu à dé-
brouiller le cahos encore in-
forme de ſes idées. C'eſt cette
ſcience qu'on peut appeler la
ſcience des ſciences, & qui eſt
compoſée des élémens de toutes
les autres qui nous donnent cet
eſprit d'ordre, de clarté & de
préciſion qui diſtingue les gens
de mérite; c'eſt elle qui ſert
davantage à nous inculquer tou-

tes les autres & à nous les rendre comme naturelles ; c'est elle
qui nous les faisant cultiver avec
plus de succès, nous les fait estimer & chérir davantage, par la
lumiere qu'elle répand sur toutes
nos réflexions. Pour peu que
l'éleve ait fait quelque progrès
dans ces différens exercices, il
brillera dans celui-ci. L'étude
des Mathématiques, l'habitude
du goût & du raisonnement que
ses différens Maîtres auront cul-
tivé en lui avec soin, lui feront
d'un grand secours ; on néglige
ordinairement trop cette partie,

qui est peut-être une des plus utiles & des plus nécessaires à une bonne éducation.

Dans le cours de ses études on pourra trouver encore assez de temps pour donner à son éleve les principes de la danse & de la musique ; ceux des armes & du cheval, pour lesquels il faut une plus grande force de corps, doivent venir après. Outre que ces exercices sont très-propres à former le corps & à lui donner des graces, les deux premiers sont faits pour occuper quelquefois les momens de loisir d'un galant homme ; les deux

derniers font abfolument nécef-
faires à un Militaire, & loin
d'être pénibles à fa jeuneffe & de
le fatiguer, on doit lui prefenter
ces différens exercices avec tous
les agrémens dont ils font fuf-
ceptibles, & les faire même fervir de délaffement à fes autres
études.

Après avoir indiqué les dif—
férens genres de fciences auxquels on doit former un jeune
Seigneur, il nous refte à voir
maintenant quelle eft la façon
la plus avantageufe d'enfeigner,
& comment on doit diftribuer
fon temps pour lui en faire

perdre

perdre le moins qu'il fera pof-
fible.

Je fuppofe qu'il fortira des
mains de fes gouvernantes à
l'âge de cinq ans, fachant lire &
affez bien écrire pour copier fes
devoirs; de-là il paffera en celles
de fon Gouverneur, qui doit
s'appliquer, fur-tout dans ces
commençemens, à fe concilier
fon amour & fon refpect, à étudier fon caractere avec foin, &
à fonder les difpofitions dont la
Nature l'aura pourvu; car tous
les préceptes qu'on donne fur
l'éducation ne peuvent être que
généraux; & comme les carac-

E

teres des hommes varient à l'in-
fini, il reste encore à un homme sage & éclairé de bien connoître celui de son éleve , pour
les modifier suivant les circonstances.

On dit de M. le Maréchal de
Lowendal, qu'il donnoit à ses
enfans plusieurs Maîtres de langues à la fois, qui tous néanmoins avoient leurs jours parti-
culiers , en sorte que le lundi
(par exemple) qui étoit le jour
du Maître de langue latine, ces
fils ne voyoient & ne parloient
que latin; le mardi , jour du
Maître de langue allemande, ils

ne voyoient & ne parloient qu'allemand : cette méthode, qui se pratique à peu-près la même à l'Ecole Royale Militaire, est sans contredit très-bonne, mais il faut en user sagement ; car comme il est dangereux de trop charger l'esprit & la mémoire d'un enfant, qui pourroit par-là se dégoûter du travail, s'il étoit trop fort, & sur-tout si ce qu'on lui enseigne étoit encore trop abstrait pour son usage, je crois qu'il est à propos d'aller par gradation, & de ne lui donner pendant la premiere année qu'un Maître de langue latine. Comme il est beaucoup de principes qui sont communs à toutes les langues, il est bon qu'il les connoisse bien à fond avant d'entreprendre rien de considérable; d'ailleurs cette premiere année sera employée à le perfectionner dans l'écriture, supposé qu'il n'y soit pas encore fort habile, & à lui donner quelques principes de sa religion, partie essentielle, & qui ne doit jamais être négligée dans tout le cours de l'éducation, sur-tout quant à la morale, qui est la plus parfaite qui ait été présentée aux hommes depuis

l'origine du monde ; c'est la religion sur - tout qui nous donne
des mœurs,& qui retient en nous
la fougue impétueuse de nos paffions. L'honneur n'est plus fouvent qu'un foible lien, quand
nous avons perdu de vue la morale de la religion ; & quoique
l'une & l'autre concourent au
même but, c'est-à-dire, à nous
rendre plus parfaits ; l'une est
pourtant plus fure que l'autre,
& nous commande plus impé-
rieufement quand nous voulons
écouter fa voix : il faut prendre
garde auffi qu'elle ne dégénere
en cagoterie & en fuperftition.

Un Militaire n'est pas fait pour être ce qu'on appelle un devot; mais tout homme doit avoir une piété sage & éclairée, fondée sur des principes certains & connus. Ceci n'est point contraire à ce que j'ai déja dit de ces deux qualités au commencement de cet Essai.

Il faut que le temps du sommeil & celui des repas soient réglés. L'uniformité dans la façon de vivre, est ce qui contribue le plus à nous fortifier le tempérament & à conserver notre santé. Huit heures suffisent & ne font cependant pas trop en été, &

neuf heures en hiver pendant les premieres années pour le repos d'un enfant ; ainſi en ſe couchant à neuf heures il peut être régulierement ſur pied l'été à cinq heures, & l'hiver à ſix. La premiere heure s'emploie aux exercices de piété & à une toilette de propreté ; la ſeconde à apprendre par cœur les leçons & à repaſſer celle de la veille. Il faut de la prudence pour exer-cer la mémoire d'un enfant ſans la fatiguer. La mémoire, comme l'eſtomac, a beſoin de nourri-ture ; mais il faut lui en donner ſobrement & ſouvent. Pour

qu'un enfant apprenne par
cœur plus promptement, avec
plus de fruit, & qu'il retienne
plus long-temps, il faut tâcher
de lui faire comprendre ce qu'il
apprend ; on retient des choses
& non des mots ; l'intellecte est
le meilleur aide de la mémoire.
On donnera depuis huit heures
jusqu'à huit heures & demie pour
déjeûner ; à huit heures & demie
le Maître de langue, exact à
l'heure, se trouvera là pour
donner sa leçon jusqu'à dix heures. Si-tôt que son éleve poura
commencer à balbutier la langue qu'il est chargé de lui enfei-

gner, il faut qu'il la lui faffe parler toujours, même dans la con-
verfation familiere ; c'eft cet
exercice qui lui fera faire des
progrès plus rapides, par les occafions fréquentes qu'il aura de
le reprendre, & d'appliquer ces
principes à propos, & par les efforts continuels que l'enfant fera
obligé de faire pour entendre
fon maître & fe rendre lui-même
intelligible ; mais comme ces efforts feront réellement pénibles
pour l'enfant, & fouvent peut-
être inutiles, on fent combien il
eft à craindre qu'il ne fe rebute,
fi par beaucoup de douceur &

en mettant toute la gaiété pos-
fible dans cet exercice, on ne
parvient à le lui rendre agréable;
on fent, dis-je, combien la pé-
danterie réuffiroit peu en pareil
cas; les Maîtres même n'ont
befoin que de fe faire aimer,
& nullement de fe faire craindre.
Le Gouverneur préfent continuellement à tous les exercices
de fon éleve, eft le feul qui ait
befoin de lui en impofer, parcequ'il doit avoir le droit de le
corriger. A l'égard de la maniere
de lui donner la leçon, chaque
Maître a la fienne; il fuffit qu'il
fe rende clair & intelligible; on

peut toujours obferver ici qu'il eft à propos de commencer à repaſſer ce qui a été vu dans la leçon précédente, avant de rien voir de nouveau, & cela en interrogeant ſon diſciple, qui ſe fera préparé de lui-même à bien répondre. Depuis dix heures juſqu'à onze l'enfant travaillera par lui - même ſur les leçons qui lui viendront d'être données, & ſur celles qui devront lui être données l'après-midi : de-là comme il n'eſt pas de devoir plus ſaint après ceux qu'on doit à Dieu que ceux que l'on doit à ſes parens, le Gouverneur aura ſoin de me-

ner son eleve à ses pere & mere,
pour leur faire rendre le tribut
de tendresse & de respect qu'il
leur doit.

Il est deux écueils bien dangereux pour les enfans, que les
peres & meres doivent éviter
avec soin; d'un côté trop de sévérité, de l'autre trop de douceur : les peres sont ordinairement séveres, mais ils ne doivent pas être durs : les meres au
contraire sont tendres, mais il
faut qu'elles le soient sans foi-
blesses; trop de sévérité donne
trop de gêne à l'esprit, & lui
rend souvent odieuses les per-

ſonnes qui lui font ſentir ; trop de douceur le gâte & le corrompt, & le fait parvenir à la fin à ſecouer toute eſpèce de joug. Si les parens, qui doivent toujours être les premiers gouverneurs de leurs enfans, ont quelques reproches à faire à celui qu'ils ont donné à leur fils, ce doit être toujours dans le particulier, & jamais en préſence de ſon éleve. L'eſprit raiſonne à tout âge, même ſans s'en appercevoir ; & comme nous nous laiſſons ordinairement conduire par l'opinion plutôt que par une raiſon éclairée, ſi l'éleve remarque, ou si on lui fait apercevoir dans son gouverneur quelques défauts qu'il n'avoit pas prévus, c'est autant de perdu sur l'estime qu'il lui portoit, & qu'il rabat avec d'autant plus de plaisir, que jaloux de son indépendance il saisit avec avidité tous les moyens qui peuvent la lui procurer ; c'est pourquoi aussi le Gouver-neur doit avoir toute la pru-dence possible pour n'en laisser apercevoir aucun.

La frugalité est le médecin de tous les âges, mais sur - tout des enfans, dont l'estomac en-core foible n'a pas encore la force

de supporter l'excès des nourritures & des ragoûts de toutes es-
pèces, dont les tables des grands
sont ordinairement chargées ; il
ne leur faut que des nourritures
saines & qui fortifient la santé
loin de l'altérer ; c'est un pré-
cepte que les parens connoissent
très-bien, mais auquel ils ne font
pas toujours assez d'attention :
pour ne pas chagriner un enfant
qu'on aime, on ne veut pas le
refuser ; souvent même on le
prévient, & par-là on entretient
sa gourmandise en affoiblissant
son estomac. Ce n'est pas que je
croye, comme bien des gens,

qu'il faille lui compter ses mor-
ceaux & lui en donner en petite
quantité; je crois au contraire
qu'il ne se portera jamais mieux
que lorsqu'il mangera autant que
son appétit paroîtra le demander,
pourvu que l'on ne lui offre jamais que des nourritures très-
saines & apprêtées simplement;
c'est moins la quantité des nourritures qui nous incommodent
que la qualité; ainsi pour cette
raison, autant que pour ne pas
perdre dans les longueurs d'un
repas le temps précieux des études, il est à propos de faire manger l'éleve dans sa chambre avec

son

ſon Gouverneur, & le temps de ce repas réglé depuis une heure juſqu'à deux ſera ſuffiſant pour la récréation qui doit le ſuivre : à deux heures les exercices recommenceront comme le matin, tant particulierement qu'avec le Maître de langue qui viendra à trois heures & donnera ſa leçon juſqu'à cinq, enſuite on donnera une demi‑heure pour le goûté, & le reſte de la ſoirée ſe paſſera, tant à travailler ſur les leçons du Maître, qu'à lire de bons livres inſtructifs, ſoit d'Hiſtoire ou de Belles‑Lettres, relatifs aux exercices de l'éleve; enfin le ſoupé se fera à huit heures, pour se coucher à neuf. Voilà à peu-près quel doit être l'emploi d'une journée pendant la premiere année ; mais comme il est à propos de donner quelquefois du relâche à l'esprit, & qu'un travail trop fort & trop continuel deviendroit à la fin rebutant & pouroit nuire à la santé, il est bon de choisir un jour de récréation dans la semaine, le jeudi, par exemple, pendant lequel les études seront suspendus. Ce jour-là, ainsi que les jours de fêtes & dimanches, l'éleve poura être admis à la table de ses pere &

mere, avec la précaution toujours
de ne lui pas laiſſer manger avec
excès rien de ce qui pouroit être
nuiſible à ſa ſanté. On poura
encore prendre ce jour - là pour
lui montrer la muſique, le former à la danſe & aux autres
exercices du corps, d'autant plus
néceſſaires, qu'outre les grâces
convenables à un homme de
naiſſance fait pour vivre dans le
grand monde, ils ſervent encore
à donner une complexion forte
& robuſte. Il ne ſeroit pas même
hors de propos de prendre tous
les jours dans l'été environ une
heure ſur le ſoir & après l'étude

pour faire quelques promenades.
C'est au Gouverneur éclairé à
rendre tous ces momens utiles
par la conversation instructive
qu'il peut avoir avec son éleve,
en lui rappelant quelquefois
quelques - uns des traits d'Histoire ou de Morale qu'il aura vus
dans la journée, soit dans ses lectures particulieres, soit en expli-
quant ses auteurs.

La premiere année ainsi pas-
sée, l'éleve poura déjà avoir acquis assez de connoissance de la
Grammaire pour être en état
d'étudier deux langues à la fois;
ainsi on poura lui donner un

Maître de langue Allemande ; alors le Maître de langue Latine ne donnera plus qu'une leçon par jour, qui fera le matin, & laiffera l'après-midi au Maître de langue Allemande : chacun d'eux aura toujours foin, fi-tôt qu'il le poura, de ne lui parler que la langue qu'il fera obligé de lui enfeigner, & d'employer toujours les méthodes, qui en faifant plus d'impreffion feront auffi moins fatiguantes. Si l'on voit tant d'enfans qui avec d'heureufes difpofitions n'ont pu tirer autant de fruits qu'ils auroient dû faire de leur éducation, cela

provient bien souvent de la mal-
adresse des Maîtres, qui n'ont
pas su employer les moyens propres pour faire goûter leurs leçons ou les rendre claires & in-
telligibles. Il faut quelquefois
surprendre l'esprit pour le capti-
ver; c'est une place forte qui a
ses côtés foibles: si vous cher-
chez à y entrer par l'endroit for-
tifié, vous y échouez. Telle est la
malheureuse condition des hommes, qu'il faut souvent se servir
de ruse contre eux pour eux-
mêmes; & c'est là un des avantages de l'éducation particuliere,
de pouvoir se retourner de mille

façons différentes pour faifir l'efprit d'un feul éleve ; au lieu que dans l'éducation publique on eft obligé de fe fervir de moyens généraux qui convien-nent à quelques-uns & nulle-ment aux autres.

Au bout de deux ans de ces deux Maîtres, l'éleve encore trop jeune n'aura pas la concep-tion bien développée ; ainfi l'on ne doit pas s'attendre à lui voir faire de grands progrès du côté de l'efprit ; mais la mémoire, exercée avec foin, fuppléant à ce défaut, lui aura fait retenir quantité de principes qui formeront la bafe de l'édifice qui refte à conftruire. On ne rifque rien à cet âge de faire un fonds folide & abondant, pourvu qu'on le fafle avec fageffe & précaution : à mefure que les années viennent, l'efprit fe déploye & trouve dans la mémoire des reffources infinies pour briller avec plus d'éclat & de promptitude ; ainfi il fera temps alors de joindre aux deux Maîtres de langue Latine & de langue Allemande le Maître de langue Angloife ; il faudra pour cet effet changer l'ordre des études ; & comme le plus grand travail doit être réservé à la nouvelle langue qu'on se propose d'enseigner, on donnera une journée entiere au Maître de langue Angloise, & une aux deux autres maîtres, à l'un le matin & à l'autre l'après - midi alternativement. Comme l'on doit raisonnablement espérer que le Maître de langue Angloise aura moins de peine à former son disciple que le Maître de langue Latine & même celui de langue Allemande, n'en auront eu, parceque l'esprit de l'enfant se trouve déjà, pour ainsi dire, dégrossi par ces deux premieres; en un an de temps au plus ils pouront se rencontrer tous trois de paire pour la force des leçons, & j'estime alors qu'ils doivent s'accorder entr'eux pour les rendre communes autant qu'ils pouront, c'est-à-dire, qu'une même matiere sera proposée par le Gouverneur (par exemple) qui poura se charger de ce soin de concert avec les Maîtres, pour être traduite dans les trois langues; chacun ensuite examinera l'ouvrage en particulier pour la partie qui le concerne : il résultera surement un grand avantage de cette façon d'opérer ; premierement en ce que le travail fera bien moins long & plus agréable pour l'éleve, & que les matieres repaſſant ainſi dans ſon eſprit, s'y graveront plus profondément ; on poura même les lui faire apprendre par cœur dans les trois langues, après les avoir ainſi corrigé & les lui faire réciter de temps en temps : 2.° en ce qu'il en naîtra une eſpece d'émulation parmi les Maîtres, qui ne poura être que profitable à l'éleve, pourvu toutefois que le Gouverneur ait ſoin d'empêcher qu'elle ne dé-

génere en jalousie, ce qui pouroit arriver s'il paroissoit donner
à l'un trop d'avantage sur l'autre.
Je suppose qu'aussitôt que les
trois Maîtres pouront agir de
concert, ils ne prendront plus
alors qu'une demi-journée chacun pour donner leurs leçons,
parceque plus elles seront fréquentes, moins l'éleve aura de
travail à faire pour les retenir,
& plus aussi les progrès seront
rapides. Pour peu que l'éleve
ait de disposition, & que les leçons soit bien données, quatre
ans suffiront pour apprendre ces
trois langues; ainsi à douze ans

on peut efpérer qu'il les faura déjà affez bien pour fe paffer du fecours de fes Maîtres, c'eft-à-dire, qu'il fera infiniment plus avancé qu'on ne l'eft d'ordinaire à cet âge, fuivant la méthode commune des éducations. Si la légereté & la diffipation, défauts affez communs aux enfans, l'empêchoit de profiter autant qu'il pouroit le faire ; il eft un moyen affez facile & affez fûre d'y remédier ; il ne faut employer ni dureté ni châtiment qu'à l'extrémité ; il faut que la raifon feule en faffe les frais, mais que ce foit une raifon gaie & enjouée:

paroiſſez céder quelquefois à ces accès, enſuite vous les diſſiperez peu à peu par des queſtions ſérieuſes; vous chercherez à diſputer avec lui ſur quelques matieres intéreſſantes & à ſa portée; vous voudrez bien même vous oublier aſſez de temps en temps pour lui laiſſer croire qu'il vous eſt ſupérieur; ſa vanité flattée poura lui dire qu'il l'eſt, & il le croira; il cherchera de plus en plus à le devenir, & le deviendra peut-être en effet; peu à peu il ſera plus ſuſceptible d'application, par l'envie qu'il aura de s'inſtruire; ſes progrès même augmenteront son goût; toujours est-il certain qu'il aura moins d'occasions de se dissiper que dans un collége, où les enfans se débauchent l'esprit mutuellement, & où les exercices sont trop souvent interrompus pour qu'il puisse se fixer solidement : la dissipation y est même ordinairement si grande, qu'elle l'emporte sur l'émulation même, qui est presque le seul avantage qu'on puisse vanter aujourd'hui dans l'éducation publique, & auquel il est d'ailleurs facile de suppléer de mille façons différentes ; car, sans compter que l'attention qu'on donne à un feul eft toujours plus forte que celle qu'on eft obligé de donner à un grand nombre, il eft pof-fible de faire trouver fouvent fon éleve avec de jeunes gens de fon âge & de fa force, avec lef-quels on le fera lutter ; il eft pof-fible de lui faire répéter de temps en temps fes exercices devant un certain nombre de perfonnes inftruites & éclairées, qui fe plairont à le faire briller par des queftions où les efforts qu'il aura à faire pour les réfoudre lui don-neront l'envie d'en pouvoir faire de plus grands. Ce font même

des

des moyens qu'on ne doit pas négliger, & qu'on n'emploie pas toujours autant qu'on le pouroit faire dans l'éducation ordinaire. En un mot, fuppofé que votre éleve ne puiffe pas encore fe paffer de fes Maîtres, il eft encore affez jeune, ainfi vous pouvez les lui laiffer pendant deux ans pour le perfectionner; mais comme leur fecours ne devient plus auffi néceffaire, vous pouvez y joindre le quatrieme Maître de langue Italienne. Cette langue, formée en grande partie de la Latine & de la Françoife qu'il fait déjà, ne doit plus être

G

qu'un jeu pour lui à apprendre;
ainsi à quatorze ans du moins
vous verrez votre élève savoir
quatre langues parfaitement;
savoir l'Histoire qu'on lui aura
fait lire avec soin, & qu'il aura
apprise dans les auteurs qu'on
lui aura fait expliquer; connoître
la Poësie & l'Eloquence, dont on
lui aura fait remarquer les beautés dans le cours de ses études;
enfin avoir beaucoup plus d'acquis en tout genre qu'on n'en a
d'ordinaire à cet âge; vous pouvez alors l'abandonner à lui-
même pour toutes ces parties, en
observant toujours pourtant de

ne les lui pas laiſſer négliger
de façon à les perdre de vue &
à les oublier.

Vous l'occuperez tout entier
pendant un an à l'étude de la
Géométrie & des Fortifications,
à laquelle vous pourez joindre
celle de la Géographie, & vous
lui enſeignerez de Mathématique
ce qui eſt néceſſaire pour bien
entendre toutes les parties de
la Phyſique; alors, comme je
l'ai déjà annoncé, il eſt bon de
choiſir un habile homme, ſous
lequel vous lui ferez faire un
cours de Philoſophie dégagé de
toutes ces puérilités ſcolaſtiques

qui ne font que procurer de la sécheresse à l'esprit, & de ces disputes métaphysiques dont n'abuse que trop souvent la jeunesse ardente à saisir les sophismes & à marcher vers l'incrédulité ; & comme l'application des Mathématiques ne se fait qu'à la Physique, qui s'enseigne ordinairement après toutes les autres parties de la Philosophie, vous aurez soin de les lui faire étudier continuellement dans le cours des premieres, les mathématiques étant de toutes les sciences la plus abstraite & la plus facile à oublier.

Nous voici dans l'âge où les foins d'un Gouverneur vigilant & éclairé vont être plus nécef-faires que jamais, pour contenir dans fon éleve l'impétuofité des paffions qui vont commencer à fe développer; ce n'eft plus à un enfant qu'il a affaire; ce n'eft plus à ce jeune écolier pâliffant avec docilité fur fes livres; c'eft à un jeune homme plein de mé-rite & de talent à la vérité, mais à qui fon mérite même peut de-venir nuifible & fes talens per-nicieux, s'ils ne font bien con-duits. Abandonné à lui-même, fes moindres fuccès enfleront fa vanité ; il se croira capable de tout ; il fera mille sottises que sa prévention l'empêchera d'apercevoir ; semblable à ce jeune moineau qui se hâte de sortir de son nid pour courir après des dangers qu'il ne connoît pas, le Gouverneur doit donc redoubler son attention pour achever son ouvrage & le conduire à sa perfection. Son élcve ira, suivant l'usage, aux Académies pour apprendre à monter à cheval & à tirer des armes ; mais ces deux exercices lui laisseront encore assez de temps pour en employer une partie à l'étude, dont il doit

toujours conserver le goût avec
foin. L'étude eft, de tous les
amufemens qu'on peut prendre,
le plus folide & le plus fatisfai-
fant; elle fortifie l'ame & l'éléve
en quelque façon au - deffus
d'elle-même; elle nourrit l'efprit
& l'occupe agréablement; elle
donne au cœur une douce fatisfaction, & lui rend fouvent le
repos qu'il avoit perdu; le refte
du temps il l'emploiera à voir de
bonnes compagnies & à fréquenter les fpectacles : en vain l'auf-
tere Philofophe de Geneve crie-
t-il à l'anatheme contre ceux qui
vont aux fpectacles, qu'il regarde

comme des endroits dangereux ;
je soutiens que s'ils le font, ce
n'est que pour des Moines qui
ont fait vœu de renoncer à tous
les plaisirs de ce monde, ou tout
au plus pour ces petits maîtres
pleins de fatuité, qui n'y vont que
pour faire admirer leurs grâces
& lorgner une actrice ; mais jamais pour un galant homme qui
y va dans l'intention de voir la
piece & d'en profiter ; il y trouve
de quoi fortifier son goût, corriger ses mœurs & ses ridicules, s'il
en a, & rien de plus. Quand on
veut faire le mal, on le fait également par-tout. Le cœur une fois

gâté ne fait plus aucune diftinc-
tion des lieux pour fuivre fes
penchans; portez à la Comédie
un cœur droit, vous en pourez
fortir avec un cœur plus droit
encore : portez au contraire à
l'Eglife un cœur corrompu, il
poura l'être encore davantage
quand vous en fortirez. Il feroit
donc ridicule qu'un faux préjugé
nous privât d'un amufement qui
pût nous être infiniment utile à
tous égards. Tant qu'on eft fous
les yeux du Public, alors, pour
peu qu'un homme fache rougir,
il fe gardera bien de rien faire
qui puiffe le faire noter.

A l'égard des compagnies, un homme fait pour la société a be-soin de les fréquenter, s'il veut acquérir cette politesse aisée qui prévient toujours en faveur de celui qui la possede, sur-tout celle des femmes (j'entends celle des femmes respectables); c'est à elles bien souvent à qui nous devons tout le mérite qui brille en nous; ce sont elles qui nous forment ce que nous sommes, suivant le choix que nous avons su en faire. Si nous ne voyons que des femmes également recommandables par les qualités du cœur & de l'esprit, nous nous

accoutumons à avoir pour elles
toute l'eſtime qui leur eſt due :
de-là pour peu qu'elles joignent
les agrémens du corps à ces aimables qualités, nous paſſons
ſouvent de l'eſtime à un ſenti-
ment plus vif, qui toujours con-
tenu dans les bornes du reſpect,
ne peut jamais devenir dange-
reux ; au contraire il eſt même
utile à un jeune homme de s'attacher de cette façon à des perſonnes aimables qui ſachent réunir en elles tous ces avantages ;
occupé du deſir de leur plaire,
il s'efforcera de les imiter & de
s'en faire autant eſtimer qu'il les

estime lui – même ; & comme il ne poura y parvenir que par des actions & des sentimens louables, il s'accoutumera insensiblement à faire le bien, & après l'avoir fait par habitude, il le fera bientôt par goût. Quand on aime la vertu pour les autres, on parvient bientôt à l'aimer pour elle même. Si au *contraire* nous ne nous attachons qu'à ces femmes dont la conduite fait honte à leur sexe, il est à craindre que nous n'ayons apporté auprès d'elles un cœur corrompu qu'elles ne changent pas ordinairement ; l'habitude que nous contractons de faire le mal devient pour nous une entrave; le peu de connoiſſance que nous avons de la vertu & de ſes attraits nous la fait craindre, & nous croupiſ- ſons éternellement dans le vice. Les femmes ſages ſont ſeules ca- pables de nous détourner de la fréquentation de ces ſortes de perſonnes: en un mot, les fem- mes ſont aux hommes ce que les grands ſont aux petits; ce ſont elles qui nous donnent le ton; nous les ſuivons, ou plutôt elles nous entraînent dans le vice ou dans la vertu: il eſt donc d'une grande importance de prendre garde à la conduite d'un jeune homme qui entre dans le monde ; s'il débute mal, il court à sa perte, mais s'il débute bien, on peut tout espérer de lui.

Il est encore un avantage dans la fréquentation des compagnies pour un jeune homme attentif sur lui même, & qui s'est accoutumé de bonne heure à réfléchir & à penser ; il devient le spectateur de tous les ridicules & des défauts d'autrui, & par un retour sur lui, souvent il se reconnoît, & parvient à se corriger ; mais qu'il se garde bien de se

rendre le cenfeur des autres, il
ne tarderoit pas à fe faire déteſ-
ter; il doit au contraire les plain-
dre en fecret, cacher leurs fautes
& chercher à les rendre meilleurs
par fon exemple · par-là il s'aſſu-
rera non – feulement l'eſtime,
mais même l'amitié de tout le
monde; il jouira continuellement & fans aucune amertume
de cette délicieufe fatisfaction
que donne la vertu, & qu'il n'eſt
donné qu'aux ames bien nées
de connoître & de fentir.

Après deux ans ainfi paſſés à
fe former dans le grand monde,
où il aura commencé à connoître

les hommes & à les apprécier, où il aura appris, peut-être à ses dépens, à ne point être dupe, & à n'en point faire, il faut mettre la derniere main à son éducation, en le faisant voyager dans les Cours étrangeres: c'est-là, comme je l'ai déjà dit, où il trouvera davantage à se former le cœur & l'esprit, soit par la comparaison des mœurs différentes qui y regnent, soit parcequ'il aura plus d'occasions de voir les hommes & avec plus de liberté, & par conséquent de les connoître, pourvu que portant par-tout un esprit d'ordre &

de

de réflexion ; il defire de bonne foi de les connoître, & qu'il n'aille pas, voyageur inutile, s'occuper fimplement de bâti-mens & autres chofes de cette nature, qu'il faut voir fans con-tredit, mais auxquelles on ne doit donner que la plus petite partie de fon temps ; qu'il ait toujours pour principe certain que la chofe du monde la plus curieufe dans la Nature eft un homme. L'homme fe reproduit tous les jours, en tout temps & par-tout, fous tant de faces diffé-rentes, qu'il eft toujours nou-veau à voir, & qu'après l'avoir étudié pendant des années, on s'aperçoit encore souvent qu'on ne l'avoit pas bien connu; le séjour qu'il a à faire dans chaque Cour ne doit pas être long; six mois ou un an dans chacune le mettront à portée de les connoître autant qu'il en a besoin, sur-tout pour un jeune Seigneur que la naissance introduira aussitôt dans les premieres maisons: d'ailleurs il faut éviter sur toutes choses qu'il n'y fasse aucun attachement, autre que ceux de l'amitié avec des personnes sages, éclairées & de grande considération, capables de le faire confidérer lui-même & de lui infpirer une bonne conduite; éloigné de la patrie & de fa famille, la liberté dont il jouiroit rendroit fes écarts plus dange-reux & plus difficiles à arrêter, fi malheureufement il venoit à fe déranger: le principal foin du Gouverneur, qui doit être pour lui un vrai Mentor, c'eft-à-dire, l'ami le plus refpectable & le plus accrédité dans fon efprit, doit être de fixer toujours fon attention fur des objets affez in-téreffans, pour ne pas lui laiffer le temps de s'arrêter à des cho-fes frivoles; de lui faire faire un choix délicat & éclairé de ses sociétés, où il trouve, autant qu'il sera possible, l'agréable & l'utile; l'agréable, pour qu'il puisse s'y attacher avec plus de plaisir & de constance; & l'utile, pour le faire parvenir plus aisément à son but, qui est l'étude & la considération des mœurs & du cœur humain; car c'est là où doivent tendre toutes ses vues, parceque c'est là le fin de la vraie philosophie. Un homme qui a bien appris à se connoître, par la connoissance qu'il a acquise des autres hommes, est vraiment l'ami de la sagesse, c'est-à-dire,

un véritable Philofophe, à prēn-
dre le terme à la lettre & dans
le fens propre.

Comment en effet connoître
bien les autres hommes,& ne pas
fe reconnoître à chaque inftant
en eux; & comment fe reconnoître à chaque inftant fans rougir de fes propres foibleffes, fe
fentir difpofé à excufer celles des
autres, & chercher à fe rendre
meilleur: cela eft d'autant moins
poffible, que l'envie de fe connoître emporte avec foi l'envie
de devenir meilleur, & que l'on
ne fait l'un que pour parvenir

à l'autre. Or c'eſt particulierement dans les principes d'une
bonne éducation que nous pou-
vons en trouver les moyens ; on
doit donc s'attacher à la rendre
la plus parfaite qu'il eſt poſſible :
je me flatte de m'en être appro-
ché dans cet Eſſai. Si les préceptes que j'y donne étoient généralement ſuivis par tous ceux
qui ſont en état de les employer,
on verroit ſurement une foule
plus nombreuſe de grands hommes faire honneur à leur patrie
& la ſervir avec fruit ; on verroit
régner dans la ſociété plus de

vertus soutenues de l'exemple des grands, toujours suivi par le peuple.

On ne manquera pas sans doute de faire des objections contre cet Ouvrage. On dit dans certains cas que tout ce qui est nouveau a droit de plaire; on pouroit dire avec autant de vérité dans d'autres, que tout ce qui est nouveau a droit d'effrayer. Des habitudes contractées depuis plusieurs siecles, des dépenses plus considérables, l'incertitude du succès, mille autres raisons peuvent arrêter l'exécution des projets les mieux concertés.

A tout cela je réponds qu'il est toujours temps de réformer de mauvaises habitudes, si anciennes qu'elles soient, quand on peut leur en substituer de meilleures. Si l'éducation publique étoit réformée, point de doute qu'elle ne puisse l'emporter sur l'éducation particuliere, & être infiniment plus avantageuse ; mais tant qu'elle subsistera telle qu'elle est, on aura toujours raison de ne pas vouloir s'en servir ; la dépense ne sera guères plus considérable pour la forme que je propose que pour toute autre ; d'ailleurs je ne crois pas qu'on veuille s'arrêter à calculer la dépenſe lorſqu'il s'agit de former un homme : heureux ceux qui par le ſecours des biens de la fortune peuvent parvenir à en acquérir de plus ſolides. On en ſacrifie tous les jours une partie pour des choſes bien moins intéreſſantes, & l'on doit être perſuadé que l'argent dépenſé pour une bonne éducation, eſt un fonds placé à intérêt qui peut rapporter au centuple. A l'égard du ſuccès qu'on en doit eſpérer, ſi votre éleve ne profite pas des ſoins que vous prenez de lui, il eſt à préſumer qu'il n'en auroit pas mieux profité par toute autre voie; & alors pourez-vous vous reprocher d'avoir trop fait pour lui? Enfin quelles que soient les objections qu'on puisse me faire, comme le zele seul a conduit ma plume, & que je n'ai nullement été tenté de faire parade des talens que je n'ai pas, je souhaite au moins que mon Ouvrage fournisse des idées à quelqu'un plus éclairé que moi, qui parvienne à se rendre autant utile que j'ai desiré de l'être.

Toi qui conduisis mon esprit
Et le couvrit de ton égide;
Vérité, toi qui fus mon guide,
Protege & soutiens cet Ecrit:

Acheve ton ouvrage, éclaire de tes
   flammes
Des mortels faits pour te fervir;
De ces feux qui te font chérir,
Echauffe & pénetre leurs ames:
Ton triomphe fera le mien,
Heureux fi l'on t'aime & t'admire,
Tu le fais, c'eft l'unique bien
Après lequel mon cœur foupire.

F I N.